安龍福の供述と竹島問題

拓殖大学教授　下條正男

日本海に浮かぶ竹島という島をご存じですか。竹島は島根県松江から二百二十キロ、朝鮮半島の東海岸の町、蔚珍からは二百十五キロの距離に位置し、東島と西島【写真①】それにいくつかの岩礁からなる絶海の孤島です。現在、朝鮮半島では「独島」と表記していますが、江戸時代の日本では「松島」と称し、明治時代になってからは「リャンコ島」とも呼んでいました。

　そのリャンコ島が竹島と命名されたのは明治三十八年（一九〇五年）一月二十八日、

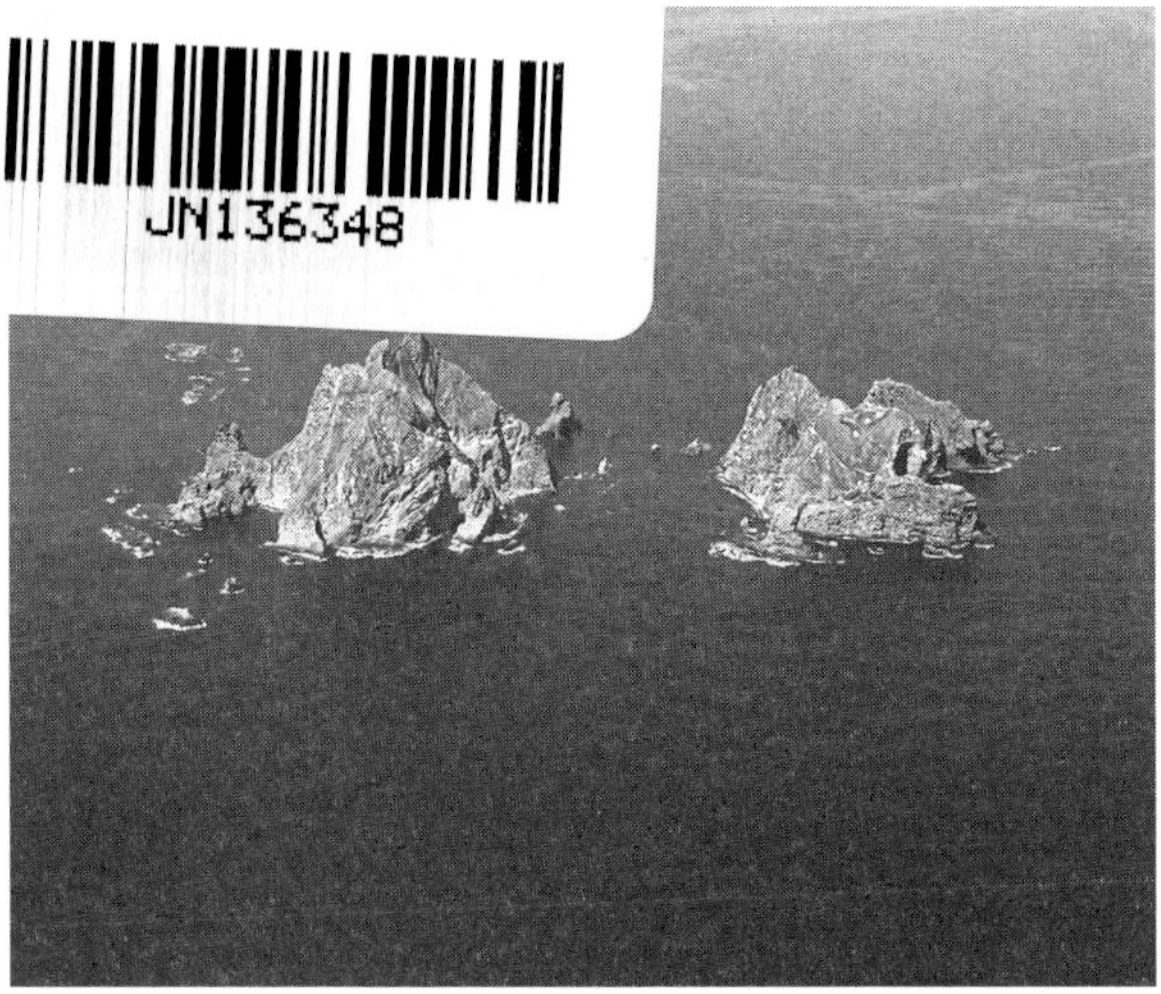

写真①　竹島（左が西島［標高168m］、右が東島［標高97m］）

明治政府が、他国が「占領シタリト認ムベキ形跡」がないとして、島根県所属隠岐島司の所管とした時からです。リャンコ島が現在の島根県隠岐の島町に編入されたのは、当時、リャンコ島で海驢（アシカ）猟をしていた中井養三郎が、リャンコ島の貸下げを明治政府に願い出たことによります。

ところがその竹島には現在、韓国の海洋警備隊員四〇名ほどが常駐し、日本側の接近を拒んでいるのです。韓国政府による竹島の武力占拠は、昭和二十九年（一九五四年）八月末頃から始まり、日韓の間には、今も竹島の領有権をめぐる争いが続いているのです。

日本の領土であった竹島が、日韓の係争の地となった背景にはどのような経緯があったのでしょうか。それは昭和二十七年（一九五二年）一月十八日、韓国政府が公海上に「李承晩ライン」を宣言し、その中に竹島を含めたことが原因です。では韓国政府が竹島を自国の領土とした根拠は、どこにあったのでしょうか。二十世紀から二十一世紀の初頭まで、韓国の中学生用の歴史教科書では、竹島問題の歴史的背景について、次のように説明してきました。

独島は鬱陵島に附属する島として、早くから我が国の領土とされてきた。朝鮮時代の初期、流民を防ぐため、欝陵島に住む人々を本土に移り住ませたが、政府の管理が一時的に弛むと、我が国の漁民達は漁労の拠点として続けて活用してきた。朝鮮時代の粛宗の時、東莱に住む漁民の安龍福が欝陵島を往来する日本の漁夫達を追い払い、日本に渡って独島が我が国の領土であることを確認することがあった。その後も日本の漁民達はしばしば欝陵島付近に不法に接近し、魚を捕まえていくこともあったが、政府ではそこに我が国の人々の移住を奨励し、官庁を設置して、独島まで管轄するようにした。しかし日本は露日戦争中に独島を強制によって領土に編入してしまった。

（『国史』下）

韓国の歴史教科書で教えられているのは、十七世紀末、安龍福という漁民が日本に渡り、独島（竹島）が朝鮮領であることを日本側に認めさせたという歴史です。そのため欝陵島には安龍福の功績を顕彰する石碑【写真②】が建立され、安龍福は韓国の国民的英雄とされているのです。

日露戦争中の明治三十八年（一九〇五年）一月、日本が竹島を島根県に編入した事実を日本による強奪と認識するのはこのためです。

写真②　安龍福の顕彰碑

しかし日本側には、安龍福が欝陵島から日本漁民を追い払い、鳥取藩の藩主と交渉して欝陵島と竹島を韓国領としたとする記録がないのです。十七世紀末、安龍福が密航してきた隠岐と鳥取藩ではどのような歴史が繰り広げられたのか、竹島をめぐる日韓の歴史を訪ねてみることにしました。

①江戸時代の欝陵島渡海

竹島問題の端緒は、十七世紀末の欝陵島にありました。その欝陵島が朝鮮半島の領土となったのは、『三国史記』によると六世紀（五一二年）のことです。ところが十四世紀から十五世紀にかけ、欝陵島の島民たちが倭寇となって朝鮮半島の沿岸を襲っていたため、朝鮮政府は一四一七年、島民を欝陵島から朝鮮本土に移住させ、無人の島とすることに決めたのでした。

韓国の歴史教科書で「流民を防ぐため、欝陵島に住む人々を本土に移り住ませた」と記述しているのは、倭寇（仮倭）となって朝鮮半島を襲っていた欝陵島の人々の歴史を伝えているのです。韓国では欝陵島を無人島にする政策を刷還政策としていますが、その政策は近代まで続きました。朝鮮政府は十五世紀から十九世紀まで、欝陵島を空島の状態にしていたのです。

その欝陵島に、鳥取藩米子の大谷家と村川家が渡って漁撈活動をすることになったのは、鳥取藩主となる池田新太郎（光政）が姫路から鳥取藩に移った元和四年（一六一八年）、幕府から派遣された監使役の阿部四郎五郎に、大谷・村川両家が欝陵島への渡海許可を願い出たからでした。江戸幕府から渡海免許を得た大谷家と村川家は、輪番で欝陵島に渡り、鮑（あわび）取りや海驢（あしか）猟をしていたのです。

現在、鳥取県立博物館には欝陵島の絵図（「小谷伊兵衛より差出候竹嶋之絵図」）【写真③】が所蔵されています。その地図には「鮑取」、「鉄砲場」等と明記されていますが、「鉄砲場」は海驢猟をする場所を示しています。この地図を見ると、欝陵島全域が鮑や海驢の

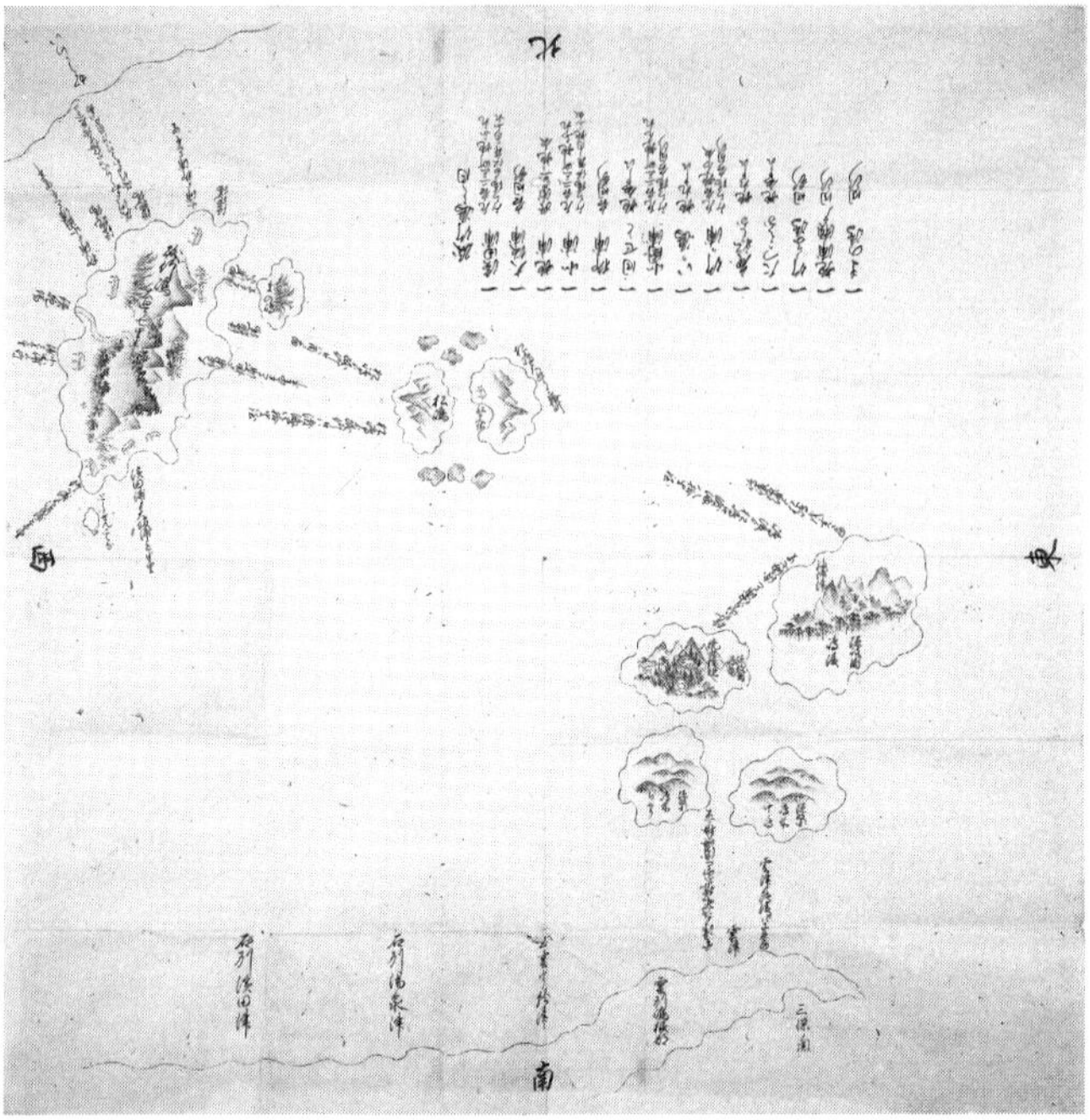

写真③　「小谷伊兵衛より差出候竹嶋之絵図」

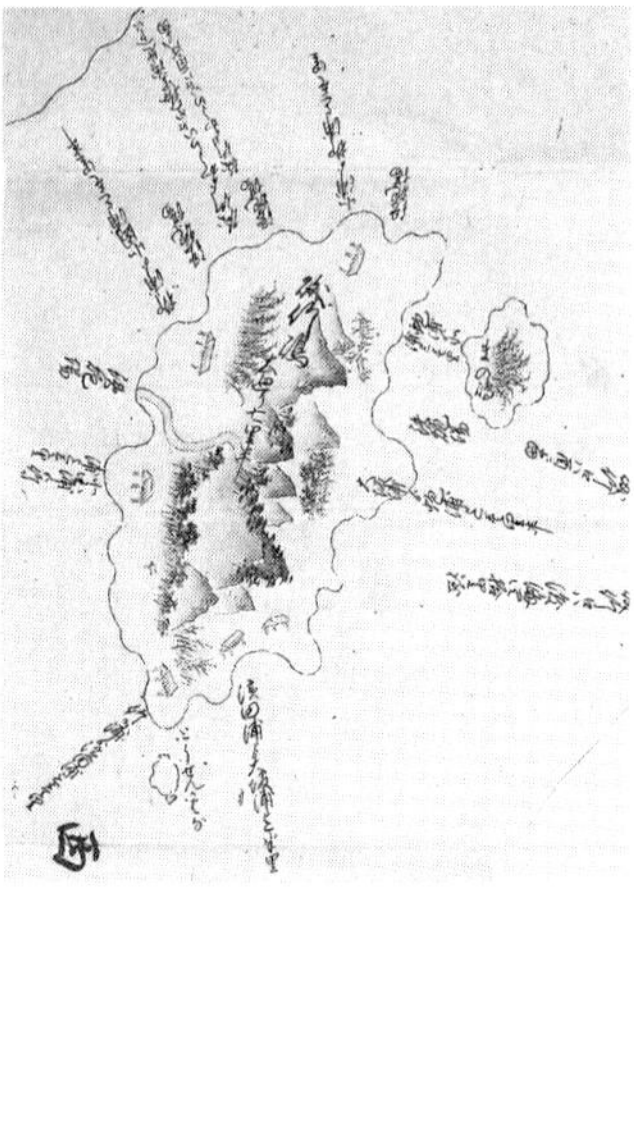

（部分拡大）

好漁場だったことが分かります。

　その欝陵島に村川家や大谷家が渡って漁撈活動をしていたのは、四月ごろから八月ごろまででした。ちょうど海驢の繁殖期とも重なっています。欝陵島では鮑やワカメを採って日干しにし、海驢から油を採っていたのです。なかでも干し鮑は、将軍家や幕府の重役達にも献上され、珍重されていました。

　大谷、村川両家が欝陵島に渡海する際は、出帆の前に鳥取藩から鉄砲を借り受け、船奉行からは往来手形【写真④】の発給を受けていました。借り受けた鉄砲は海驢猟のために使

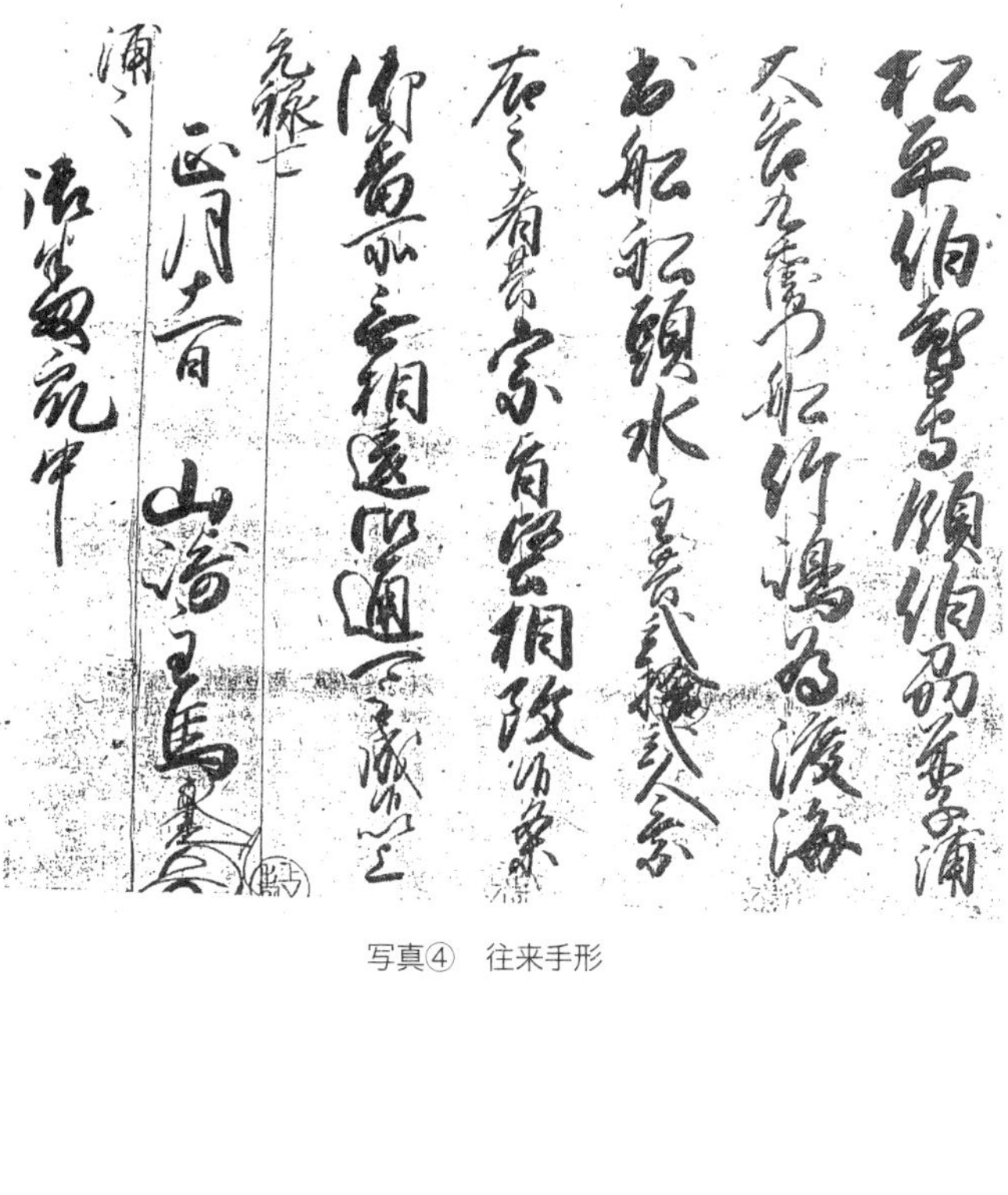

写真④　往来手形

い、鉄砲撃ちは伯耆（鳥取西部）の猟師の仕事でした。

一方、欝陵島で鮑取りに従事したのは隠岐の鮑突きで、水夫の一部も隠岐の人が雇われています。そこで大谷・村川両家では、欝陵島に渡る前に必ず隠岐に立ち寄って、鮑突きや水夫を雇ったのです。隠岐からは鮑突きが二・三人、水夫五人が乗り込みました。

欝陵島に渡った船は、十三反帆の二百石積の大きさで、元禄期の往来手形によると総勢二十二人が乗り組んでいました。その内の三分の一は、隠岐の人たちが占めていました。

岡島正義の『竹島考』によると、欝陵島までの水路は米子、雲津、千振り（知夫里）、福浦の順で、隠岐の島後では風待ちをしています。風待ちをした場所は南方村（旧五箇村の一部の地域）の福浦で、その福浦の弁天島にある弁財天女社【写真⑤】では、航海の無事を祈るのを常としました。

写真⑤　福浦弁財天女社殿

その弁財天女社について、出雲松江藩の斎藤豊仙が著した『隠州視聴合紀』(「南方村条」)は、次のように伝えています。

海に孤島あり、樹生じ形ち堆(うずたか)し、上に弁財天女を置き、村に向ひて花表(鳥居)を立て、磯竹島に渡る者、是に於いて泊(うきどまり)して晴を量り、風を占う。又その帰帆の無恙(つつが無き)事を祈る。

磯竹島は当時の欝陵島の呼び名で、欝陵島に渡海する者は弁天島に船を泊め、航海の安全を祈ったのでした。明治時代に編纂された『太政類典第二編』(第九十六巻)には、その弁財天女社について「弁財天女は当時、大谷村川両家海波平穏祈祀の為に建立する所なり。今に至て本社修繕を加ふるに当れば必ず之を両家に告ぐ」と記されています。大谷・村川両家による欝陵島渡海は、元禄六年(一六九三年)の朝鮮漁民との争いが原因で中断してしまいますが、弁天島の弁財天女社だけは、今も福浦の水面にその瀟洒な姿を静かに映しています。

かつて海の男たちは弁財天女社の下に船を泊め、航海の無事を祈り、風を占って、順風が得られると、欝陵島に向けて出帆したのでした。『隠州視聴合紀』の「国代記」によると、隠岐から竹島までは二日一夜、竹島から欝陵島までは一日を要したといいます。

ですがその欝陵島での漁撈活動も、終わりを告げる時が来たのでした。

②欝陵島渡海と朝鮮漁民との遭遇

欝陵島への渡海が始まってほぼ八十年、朝鮮政府が欝陵島を無人島としていたことから大谷、村川両家の人々は、朝鮮の漁民と遭遇することもなく、漁撈活動を続けていました。ところが元禄五年（一六九二年）、輪番となっていた村川家の船が欝陵島に接近すると、島では朝鮮の漁民たちが鮑やワカメを採っていたのです。そこで村川家の船頭らは朝鮮の草鞋（ぞうり）や干し鮑、朝鮮味噌の塊などを越境侵犯の証拠として、持ち帰ったのです。

翌年（一六九三年）の三月十六日、大谷家の漁師達が欝陵島に向けて福浦を発船し、欝陵島に至ると、すでに浜には朝鮮の漁民たちが採った鮑やワカメが干され、大谷家の小舟も勝手に使われていました。鳥取藩から往来手形を発給され、拝領の葵の御紋【写真⑥】を船印に欝陵島に渡っていた日本側にとって、これは領海の侵犯と映ったのでした。

そこで大谷家の船頭らは、朝鮮の漁民に対し、領海を侵犯しないよう求めたのです。すると朝鮮の漁民の一人は、自分は「官命によって鮑取りに来た」と答え、「三隻の船に分乗して来た四十二人の内の一人」だと告げるのでした。

このままでは欝陵島が奪われてしまうと感じた大谷家の船頭達は、韓国の歴史教科書にも登場する安龍福と朴於屯の二人を越境の生き証人として日本に連れて帰り、幕府の裁定を仰ぐことにしたのです。

写真⑥　渡海船葵御紋入り船印

安龍福を乗せた船は、欝陵島を四月十八日に出帆し、二十日には隠岐国島後の福浦に着船しました。福浦には番所があったからでした。福浦を出港したのは二十三日、途中、島前に立ち寄り、島前を二十六日に発って、同日、雲州長浜で着泊しています。米子に帰岸したのは、二十七日のことでした。

大谷家では直ちに鳥取藩に報告し、安龍福と朴於屯の二人を灘町の大谷家に勾留したのでした。一方、鳥取藩は四月晦日に早飛脚を飛ばして、江戸幕府の指示を仰いだのです。岡島正義の『竹島考』によると、安龍福の性格は「猛悍強暴」であったとされ、『池田家御櫓日記』では、米子に留め置かれた安龍福は、「気晴らしがしたい」等と騒ぐので、外出を禁じた代わりに、酒の要求に対しては「昼夜三升より上は無用」として、飲酒を認めたとしています。

幕府からの指示が鳥取に届くのは、五月二十六日でした。幕府はこの時、安龍福と朴於屯を長崎に護送するよう鳥取藩に命じ、朝鮮との外交窓口であった対馬藩に対しては、朝鮮政府に漁民の越境を抗議させることになるのです。

その間、安龍福等はいったん鳥取城下に移されますが、その移送の際のことが鳥取藩の『竹島考』に記されています。安龍福等が護送の道中で狼藉を働く恐れがあるので、女子供には見物禁止の触れが出されていた、としています。

この時、安龍福と朴於屯の二人は身分証を所持していました。朴於屯は蔚山の漁民でしたが、安龍福（アン・ヨンボク）は、用卜（ヨンボク）というのが本来の名前のようで、慶尚道の東莱にある水軍に属していました。身分も朴於屯は良民でしたが、安龍福は奴隷的身分の私奴でした。

やがて鳥取藩は、幕命に従って安龍福を長崎の奉行所まで護送することになります。鳥取藩では当初、海路を選ぶか陸路にするかで結論が出ませんでした。結局、安全な陸路を選び、安龍福と朴於屯の二人は駕籠に乗せられ、医者や料理人を含めて総勢十余名が同行することになりました。

一行が鳥取藩を出立するのは六月七日。長崎に到着したのが六月晦日です。翌日の七月一日、安龍福と朴於屯は長崎奉行所に引き渡され、長崎では対馬藩から派遣された通詞によって、本格的な取調べが進められました。やがて事情が明らかとなり、鳥取藩では「官命で漁労をしていた」と証言した安龍福も、朝鮮語で尋問を受けた対馬藩には「鮑稼ぎ」と答えています。

対馬藩ではこの安龍福の供述をもとに、朝鮮政府に対し、朝鮮漁民の越境行為を抗議することになるのです。

③対馬藩と送還後の安龍福の証言

元禄七年（一六九四年）十一月朔日、安龍福と朴於屯を乗せた船は釜山の絶影島に繋留し、二人は朝鮮政府に引き渡されました。その際、対馬藩が朝鮮側に求めたのは、領海侵犯の再発防止でした。これに対して、江戸幕府との摩擦を避けたい朝鮮政府は協力的で、欝陵島への渡海を禁ずるとともに、安龍福等の処遇についても、厳罰で臨むことを約束したのです。

ところが間もなくして、朝鮮内部では思わぬ事態が起こったのです。対馬藩に対して協調的だった政権が失脚し、強硬派が政権の座に就いたのでした。安龍福等に対する処遇も、一変しました。

朝鮮政府に引き渡された安龍福が、対馬藩での証言とは異なる供述をしたからです。対馬藩の尋問に対して、「鮑稼ぎ」と供述した安龍福は、朝鮮では「租税を運ぶ途中遭難し、欝陵島に漂着した。そこに日本の漁師達がやってきて、連れ去られた」と証言していたのです。その証言内容は、一緒に連れ去られた朴於屯の供述も同じでした。ですがただ一点、安龍福は朴於屯とは異なる証言を残していたのです。

それは欝陵島から隠岐島までの航行中、晩食後の海上で欝陵島より「頗る大きな」島を目撃した、と証言したことでした。しかし朝鮮政府は、この「頗る大きな島」の証言を信用しませんでした。欝陵島と隠岐島の間には、欝陵島より大きな島など存在しないからです。そこで朝鮮政府は、朴於屯に「頗る大きな島」の存在を確認したのですが、朴於屯の供述も「欝陵島から日本の間には大きな島がない」、というものでした。

ではこの時、安龍福は何故、「頗る大きな島」があると証言したのでしょうか。それには理由があったのです。欝陵島に初めて渡った安龍福は、欝陵島滞在中に二度、島の東北に島影を目撃しており、そこまでの距離を「船で一日」と目測していたのでした。さらにその島が于山島であることを、一緒に欝陵島に渡っていた漁民たちから教えられていたのです。

安龍福は、欝陵島から「船で一日」の距離に島があり、それが于山島と呼ばれる島だと思っていたのです。その安龍福が、欝陵島から日本に連れて行かれる途中、大きな島を目撃したのです。それも「船で一日」とした通り、一夜明けた晩食後、海上でその姿を確認したのでした。

その安龍福を乗せた船が欝陵島を出帆したのは四月十八日、隠岐島の福浦には二十日に到着しました。安龍福が「頗る大きな島」と遭遇した「一夜明けての晩食後」は十九日となり、その時は欝陵島より頗る大きな隠岐島の直前にいたのです。安龍福が見た「頗る大きな島」は竹島ではありません。竹島は欝陵島よりも遥かに小さな岩礁だからです。

しかし安龍福はその三年後、その頗る大きな島を于山島とし、于山島を日本の松島（竹島）だと主張するため、日本に密航してくるのです。ですが竹島は欝陵島の東南に位置し、欝陵島の東北にあるとした于山島とは、方角が違っています。安龍福は于山島を松島（竹島）だと思い込んでいたのです。この安龍福の地理的理解が、今日の竹島問題の原点となっているのです。

それも朝鮮側で起こったある出来事が、安龍福と朴於屯に対する評価に、影響を与えていくことになるのです。朴於屯の妻子が、「安龍福らと欝陵島に出漁した朴於屯が、日本の漁民達に連れ去られた」と、蔚山の地方官庁に訴え出たのでした。その結果、安龍福と朴於屯は越境侵犯をしたのでなく、日本側に拉致された被害者だとする認識が生まれ、政権の交代とともに、朝鮮側内部では、対馬藩に対する不信感を強めることになったのです。

この時、交渉役の対馬藩の立場も、微妙にならざるを得ませんでした。江戸幕府の指示を受け、安龍福らの越境を朝鮮側に抗議した対馬藩にとって、朝鮮は大切な交易相手でもあったからです。

しかもその対馬藩には、転機が訪れていました。対馬藩では藩主の宗義倫が二十四歳で夭折したことを契機に、朝鮮側との交渉を再検討する動きがでてきたからです。特に、阿比留惣兵衛と陶山庄右衛門は、早くから欝陵島を朝鮮領と認識していました。それは十五世紀に成立した『東国輿地勝覧』（『新増東国輿地勝覧』として現存）の「蔚珍県」条では、欝陵島を蔚珍県の管轄下に置いており、朝鮮半島から欝陵島が「見える」としていたからです。

この地理的認識は、朝鮮側も共通していました。対馬藩との交渉の際は、この『新増東国輿地勝覧』を根拠に、欝陵島の領有権を主張していたからです。

ですが朝鮮側との交渉に直接、臨んでいた対馬藩の多田与左衛門の場合は、事情が違っていました。多田与左衛門は幕府の命令に忠実に従い、朝鮮側が放置してきた欝陵島を八十年間に渡って実効支配していた事実を根拠に、欝陵島の領有権を強硬に主張していたからです。欝陵島の帰属を巡って、対馬藩の内部にも葛藤があったのです。

そこに藩主の急死という事態に直面した対馬藩では、領土争いの中断を幕府に申し出ることにしたのでした。江戸幕府では「善隣友好」を重視し、欝陵島を朝鮮領としたのです。そこで江戸幕府は元禄九年（一六九六年）一月二十八日、欝陵島への渡海を禁じて、大谷・村川両家に与えていた欝陵島への渡海免許を回収し、鳥取藩に対しては欝陵島への渡海禁止を伝えたのでした。欝陵島の帰属問題はこの時、日本側では、一件落着していたのです。ところがその年の五月、隠岐では思いもよらぬ事件が起こったのです。

④安龍福の密航事件

元禄九年五月二十日、鳥取藩に願いの儀があるとして、安龍福一行十一人が隠岐国島後の大久村（旧東郷村の一部の地域）に密航してきたのです。日本側には、この安龍福の密航事件に関する記録が残されています。それが『元禄九年丙子年朝鮮舟着岸一巻之覚書』です。

そこには鳥取藩に訴訟するため来航したことと、在番役人とのやり取りが記されています。この時、安龍福は「通政太夫」とした腰札を持ち、「三品堂上臣、安同知」と名乗っていました。元禄六年（一六九三年）、大谷家によって連れてこられた時、安龍福が所持していた腰牌（認識票）に記されていた身分は「私奴」でした。それが密航してきた時は、政府高官となっていたのです。通常、通政大夫は日本の位階で言えば正三位に該当します。王とも直接会話のできるのが堂上官です。それも安龍福は、水晶の緒を下げた冠のような黒い笠を被り、浅黄木綿の上着を着て、官人を装っていたのでした。

その安龍福は、在番役人に対して、自分は朴於屯とともに四年前、鳥取藩米子の船で連れ去られた者だと言い、三月十八日の朝飯後に朝鮮を十三艘で出発して同日の夕方、欝陵島に着いたと告げています。その十三艘の内、十二艘は欝陵島で若布と鮑を採り、竹を伐っている。朴於屯は今、欝陵島にいるが、我々十一人は、鳥取藩に行って殿様に申し上げたいことがあってやってきた。しかし天候が悪くなり、大久村に立ち寄ったのだとしています。

だが安龍福が隠岐に立ち寄ったのは、天候の悪化だけが原因ではなかったようです。安龍福は、次のように、窮状を訴えているからです。

「朝鮮を出発する際は食料も準備してきたが食べてしまい、今は飯米も乏しくなった。鳥取藩での用事が済めば欝陵島に戻り、十二艘の舟に荷物を積んで帰国した後、鳥取藩の殿様にもお礼を差し上げるはずだ」、と語っているからです。

安龍福が飯米に窮していたのは事実でした。在番役人との対談が終った後、安龍福は大久村の庄屋と在番役人に「乾し鮑」六包みと書簡を差し出し、その書簡の奥書には「生菜、青菜、実菓、請」と記されていたからです。そこで大久村では、「乾し鮑」六包みを返し、苣（チシャ）、根深（ネギ）、榧実（カヤの実）、芹、生姜を与えています。

すると翌日、今度は安龍福から飯米がなくなり、夕飯が食べられないとする書付が出されたのです。庄屋らが行って確認すると、安龍福が「飯米がなくなり困っている。朝鮮では他国の舟がやって来た時は、食料を給することになっているが、当地ではそうしないのか」と言うのでした。

そこで庄屋は、当地でも異国船が漂着した時などは、相応のことをしている。だが訴訟のために来たのなら、飯米等は用意をしてくるべきではないのか、と応じたのです。すると安龍福は、不審に思うのはもっともだ。欝陵島を十五日に出帆したので、そのまま日本に着いたといい、日本の地では長く留まるとは思っていなかった、と言うのでした。

そこで庄屋らが、舟の中を見て、確認してからと言うと、安龍福は「成る程そのとおりだ」と同意し、舟の中を見せたが、残っていたのは白米が三合ほどであった。庄屋は、この飯米が切れた様子を番所の役人に伝え、安龍福には、当地では昨年、不作だったため米が払底した状態にある。多少あっても悪米で、それでよければ少しぐらいは工面がつくと伝えると、安龍福が都合をつけてほしいと言うのでした。

だが番所から米が届くまでには時間がかかり、大久村の中で白米四升五合をかき集め、やがて番所から届く米を精米して一斗二升三合になるというと、安龍福は二十一日の夕飯と二十二日の三度の飯米になるというのでした。村ではその見当で、その後も米の工面ができると安龍福らに米をやり、飯米をあてがったのでした。

日本側に残された『元禄九年丙子年朝鮮舟着岸一巻之覚書』によると、安龍福は官人を装っていましたが、十分な飯米を用意することなく、密航してきたようです。

　この時、訴訟のため鳥取藩に行こうとしていた安龍福は、どのような準備をしていたのでしょうか。安龍福が所持したものの中には、『新増東国輿地勝覧』を基にして作成された八枚の地図がありました。安龍福はその地図を示して、在番役人に朝鮮国江原道東莱府に属す欝陵島は竹島であること、松島は同じく江原道の中にある子山島だと語っています。

　しかし欝陵島を管轄していたのは江原道の「蔚珍県」で、「東莱府」は慶尚道にありました。安龍福の地理的理解は、正確ではなかったようです。

　それは安龍福が、竹島（欝陵島）と朝鮮の間を三十里（約一二〇キロ）として、欝陵島と松島の間は五十里（約二〇〇キロ）であったとしたことにも表われています。安龍福はその朝鮮半島を朝食後に出船し、その日の夕方に欝陵島に着いたといい、欝陵島から松島にはその日の内に到着したとしているからです。

　ですが安龍福が乗っていた舟は、「長さ三丈（約九ｍ）、幅一丈二尺（三・六ｍ）」の帆柱二本（内一本は竹）の小舟でした。その小舟で約二〇〇キロあるとした欝陵島から松島に、その日の内に着くのは、物理的に不可能に近いからです。

　それに安龍福は、持参した地図の中の子山島（于山島）を、松島（現在の竹島）だとしていますが、その地図には、現在の竹島は、描かれていなかったのです。安龍福が持参した八枚の地図は、『新増東国輿地勝覧』の記事を基に作図されたものとみてよいからです。

事実、『新増東国輿地勝覧』がその典拠として引用した『太宗実録』で確認すると、于山島（子山島）には「十五戸」、「男女八十六」人が住んでいることになっています。岩礁に過ぎない松島（現在の竹島）には、八十六人もの人は住めません。この于山島は、欝陵島のことです。それは『太宗実録』では、欝陵島にも「十五家」が入植した、としているからで、『新増東国輿地勝覧』には、現在の竹島（独島）に関する記述もないのです。これらの事実からも明らかなように、安龍福が持参した八枚の地図には二つの欝陵島が描かれているだけで、竹島は描かれていなかったのです。

そのため『新増東国輿地勝覧』を踏襲した後世の『輿地図書』や『大東地志』では、その本文から于山島の名を消しているのです。

安龍福はその事実を知らずに鳥取藩に密航し、八枚の地図を証拠に、日本の竹島は朝鮮の欝陵島で、松島（現在の竹島）は朝鮮の于山島だと、言いたかったようです。

しかし隠岐では、鳥取藩に願いの儀があるとしただけで、具体的なことは何も述べていませんでした。そこで在番役人は下役を通じ、朝鮮から伯耆国に訴訟のためにやってきたと鳥取藩に通報したのです。安龍福等はそれと相前後して、鳥取藩に向けて出帆し、六月四日には鳥取藩の赤碕に着岸したのです。

安龍福はその時、舟の舳に「朝欝両島監税将臣安同知騎」と「朝鮮国安同知乗舟」と表裏に記した木綿の船印を立てていました。この船印は、隠岐の番所役人らが調べた安龍福等の所持品の中にあり、予め準備していたものでした。この船印に「同知」とあるのは朝鮮の東莱府にいた通訳官の呼称で、安龍福が名乗った「堂上官」は、朝鮮時代の高級官僚です。安龍福は自ら朝鮮の堂上官を僭称して、鳥取藩に密航してきたのです。それに「監税将」と言う官職は、実在しないのです。文字の意味から類推すると、朝鮮の欝陵島と于山島の租税徴収官と言いたいところですが、無人島政策が採られていた欝陵島には人が住んでおらず、安龍福が于山島とする松島（現在の竹島）は、人の住めない岩礁でした。偽りの官職であったことは明らかです。

しかし鳥取藩は、安龍福等に翻弄されてしまうのです。赤碕に着岸したとの知らせを受けた鳥取藩では、御船奉行の山崎主馬を急派しました。山崎主馬は安龍福等を乗せた舟と長尾鼻で出遭ったため、ひとまず一行の舟を青谷の勝部川河口に係留し、近くの千念寺（専念寺）で事情を聴取することにしたのでした。

安龍福等の事情聴取には、鳥取藩の儒者辻晩庵があたり、筆談によって到来の理由を聞き質そうとしたのですが、安龍福等とは意思の疎通が出来なかったといいます。そこで鳥取藩では馬と駕籠で一行を賀露まで送り、東禅寺（東善寺）を仮の宿としたのでした。

東禅寺から鳥取城下に移そうとした頃、幕府からの指示が届きました。鳥取藩に対する幕府の指示は、安龍福等を対馬藩に引き渡すか、訴訟を受けずに送り返せ、と言うもので、時を同じくして対馬藩からは通詞が派遣されていました。

江戸幕府の指示を受けた鳥取藩では、安龍福等の舟を湖山池に係留させるとともに、池の中にある青島に唐人船屋を建て、一行を収容したのでした。しかし安龍福等は対馬藩の通詞が鳥取藩に到着する前に、鳥取藩を離れています。

江戸幕府が編纂した『通航一覧』によると、「朝鮮人十一人因幡州に来り、事を東武に以ってせしに、鈞命して是を逐回」したとし、『因府年表』には、「賀露灘にてこの船追い返しに相成」った、と記録されています。

この経緯については、『因幡国江朝鮮人致渡海候付豊後守様へ御伺被成候次第并御返答之趣其外始終之覚書』によって確認ができます。この覚書は、鳥取藩に密航してきた安龍福の処遇とその経緯を略述したもので、そこには江戸幕府が鳥取藩に対して、安龍福を長崎に送るか、追放するよう指示した事実が記録されています。鳥取藩は、幕府の指示に沿って、安龍福を追放していたのです。

安龍福は、鳥取藩主と交渉することも、欝陵島と于山島を朝鮮領とすることもないまま、鳥取藩によって追い返されていたのでした。

安龍福等が朝鮮に戻ったのは、八月下旬です。安龍福等は江原道襄陽の県境に着船して、地方官の沈枰に、日本で訴訟事件を起こした、と告げたのでした。沈枰はそれを中央政府に報告すると、中央政府は安龍福等を京師に送還するよう命じ、中央政府での取り調べが行われることになりました。

その際の安龍福の証言が、『粛宗実録』に収録されています。その安龍福の証言に基づいて記述されていたのが、韓国の歴史教科書です。

教科書には安龍福の密航事件が、「東莱に住む漁民の安龍福が欝陵島を往来する日本の漁夫達を追い払い、日本に渡って独島が我が国の領土であることを確認することがあった」と記されています。果たして教科書では、歴史の事実を伝えていたのでしょうか。

⑤安龍福の証言

それでは安龍福がどのような証言を残したのか。『粛宗実録』に収録された安龍福の供述を読んで、安龍福の証言内容を検討してみることにしましょう。安龍福は日本に密航した理由を尋問され、次のように供述していたからです。

欝陵島の山には雑木鷹烏猫が多く、倭人もまた多く来泊していました。(同行した)仲間は皆恐れましたが、私(安龍福)は声を上げ、「欝陵島は本より我が境域である。倭人は何故、越境侵犯するのか、お前ら皆縛ってしまうぞ」と言って、さらに船の先に進んで大喝すると。

倭人が言いますには、「もともと松島(当時の竹島の名)に住んでいて、たまたま漁採のためにやって来たが、今ちょうど本所(松島)に往こうとしているところだ」。そこで私は、「松島(現在の竹島)は即ち子山島だ。これもまた我が国の地である。お前らどうしてそこ(松島)に住めるのか」。

ついに私は翌暁、船を引っ張って子山島に入りました。すると倭人たちはちょうど大釜を並べ、魚膏を煮ているところでした。私は杖でこれを撞き破り、大声で叱りつけますと、倭人たちは釜などを聚（あつ）めて船に載せ、帆を揚げて帰っていきました。そこで私は、船で追いかけましたが、急に強風に遭って隠岐島に漂着しました。

島主（隠岐島の領主）が入来の故を尋ねるので、私は、「先ごろ、私がここに来た際、欝陵島と于山島を朝鮮領と定め、関白（将軍）の書付が作られているはずだ。だが本国（この地）では徹底していないようだ。今また我が境界を侵犯している。これは道理と言えようか。それ故、この事実を伯耆州（鳥取藩）に伝えてほしい」。

しかし何の返答もなかったので、私は憤慨に耐えず、船に乗って直ちに鳥取藩に向かった。その際は、「欝陵子山両島監税」と仮称して、人を通じて鳥取藩に通告すると、人馬を送って迎えてくれた。私は青帖裏を服して黒布笠を着け、皮鞋を穿いて轎（駕籠・かご）に乗った。他の人々は並んで馬に乗り、鳥取藩に向けて進んで行った。

私は島主（鳥取藩藩主）と庁上に対座し、諸人は並んで中階に下座しました。鳥取藩主が「何故やって来たのか」、と問いますので、「先に両島（欝陵島と于山島）のことで、両島が朝鮮領であるとする書付が出されたのは明白ではないのか。だが対馬藩の島主（藩主）がその書付を奪い取り、江戸幕府と朝鮮政府の間で偽りの使臣を派遣しては、欝陵島が日本領であると主張するのは、法を偽る犯罪ではないのか。私としては、関白（将軍）に訴え、（対馬藩の）罪状を明らかにしたい」と言うと、鳥取藩主は許してくれた。そこで同行の李仁成に訴状を書かせ、江戸幕府に提出しようとしたところ、そこに島主（対馬藩主）の父が来て、懇ろに鳥取藩主に言うには、「もしもこの訴状が（幕府に）届けば、我が息子（対馬藩主）は必ず重き罪を得て殺されるだろう。どうか訴状を提出しないで欲しい」。このため訴状は関白（将軍）に提出されなかった。

しかし前日、境を犯した倭人十五人は捕えられ、処罰された。そこで（鳥取藩主が）私に言うには、「両島は既に朝鮮領に帰属したが、今後また境界を犯す者がいれば、鳥取藩主がことごとく不法侵犯として厳罰に処し、さらに国書を送って、訳官（通訳官）を派遣してよこせば、境界を犯した者を厳しく罰してやろう」。

さらに（鳥取藩主は）帰還の食糧を給与し、家臣を選んで護送しようと言ったが、私は「一緒に行けば弊害がある」といって、これを辞退しました。

（『粛宗実録』巻三十、粛宗二十二年丙子九月戊寅条）

⑥考えてみよう竹島問題

この安龍福の証言を読んで、気がつくことはありませんか。これまで明らかにしてきた現実の歴史と安龍福の証言には、大きな違いがあるからです。それがどの部分か、指摘することが出来ますか。

以下は安龍福の証言をいくつかの項目に分けたものです。安龍福の証言と歴史の事実とを照合したとき、どのような問題点を発見することが出来るのか。次の九項目について考え、歴史の事実を明らかにしてください。

（一）安龍福は日本に密航することになった理由について、欝陵島で日本の漁民と遭遇し、それを追いかけていた途中に大風にあい、隠岐島に漂着したと証言しました。そして欝陵島に渡った十五名の日本の漁師は処罰されたと証言しています。この証言は、事実だったのでしょうか。

（二）安龍福は、日本の漁民が松島（現在の竹島）に住んでいると証言しました。当時、竹島には人が住んでいたのでしょうか。

（三）安龍福は明け方、船を引いて竹島に入ったと証言しています。竹島には船を曳いて上陸できるような場所はあるのでしょうか。

（四）安龍福は、日本の漁民が松島（竹島）で大釜を並べ、魚膏を煮ていたと証言しました。大谷、村川の両家が海驢から油を採取していた島は、どこの島でしたか。

（五）安龍福は隠岐で、日本の漁民が朝鮮の境界を侵犯しているとし、その事実を鳥取藩に伝えてほしい、と求めたと供述しています。安龍福が隠岐で求めていたものは何でしたか。

（六）安龍福は、欝陵島と于山島を朝鮮領とした書付を江戸幕府が発給したと供述しています。越境侵犯の生き証人として捕らえてきた安龍福に、江戸幕府は欝陵島と于山島を朝鮮領とした書付を与えていたでしょうか。

（七）安龍福が鳥取藩に密航した際、「欝陵子山両島監税」と仮称すると、鳥取藩では人馬を送って迎えてくれ、馬と籠で鳥取城下に入ったと証言しています。それは事実ですか。

（八）安龍福は、鳥取藩で藩主と対座した際、対馬藩は欝陵島と于山島を朝鮮領とした幕府の書付を奪い、偽りの使者を送って欝陵島を奪おうとしている、と証言しています。対馬藩は幕府に無断で、欝陵島の領有権を朝鮮側と争っていたのでしょうか。

（九）安龍福は、鳥取藩主の許可を得て、対馬藩の罪状を幕府に訴えようとしたところ、対馬藩主の父が鳥取藩まで来て、藩主の助命を鳥取藩主に懇願したと証言しています。対馬藩主の宗義倫は、安龍福が密航する前年、二十四歳の若さで亡くなっています。この安龍福の証言に、信憑性はあるのでしょうか。

さて以上、安龍福の証言を九つの項目に分け、歴史の事実と照らし合わせてみると、どのようなことに気が付くでしょうか。

韓国の歴史教科書に記述されている内容とは、かなり違いがあるようです。韓国側ではこの安龍福の証言を根拠に、竹島を韓国領としてきました。そのため韓国側では、日本側が竹島問題に触れると、それを「日本の領土的野心」とし、「妄言」としてきたのです。ですが安龍福の供述は、明らかに偽証でした。それが韓国側ではなぜ、歴史の事実とされてしまったのか。次回は、その事実を明らかにしたいと思います。

今後、日本と朝鮮半島が互いに信頼し、友好な善隣関係を維持していくためには、竹島問題の克服が前提となります。

戦後、日韓関係が急激に悪化したのは、日韓の国交正常化交渉の直前、韓国政府が「李承晩ライン」を宣言して、竹島を無理やり韓国領としてからです。竹島問題が解決した日が、新しい日韓関係の始まりでもあるのです。

【写真提供・所蔵】

掲載頁
表紙 …………桑原史成氏提供
P1 写真①…桑原史成氏提供
P4 写真②…田中邦貴氏提供
P6 写真③…鳥取県立博物館所蔵
P7 写真④…藤田茂正氏作成資料所収
P8 写真⑤…竹島資料室提供
P11 写真⑥…米子市立山陰歴史館所蔵

【著者プロフィール】

下條正男

1950年長野県生まれ。國學院大學大学院博士課程修了。1983年韓国三星綜合研修院主任講師、市立仁川大学校客員教授を経て、98年帰国。翌年拓殖大学国際開発研究所教授、2000年同大学国際開発学部アジア太平洋学科教授に就任、現在に至る。
専攻は日本史。第１～第３期竹島問題研究会座長、元Web竹島問題研究所所長。著書に『日韓・歴史克服への道』（展転社）、『竹島は日韓どちらのものか』（文春新書）他。

知っておくべき竹島の真実
安龍福の供述と竹島問題

二〇一七年二月二十二日 初版発行
二〇一七年三月七日 第二刷

著者 拓殖大学教授 下條正男
発行 島根県総務部総務課
販売 ハーベスト出版
〒六九〇-〇一三三
島根県松江市東長江町九〇二-五九
ＴＥＬ 〇八五二-三六-九〇五九
ＦＡＸ 〇八五二-三六-五八八九
印刷・製本 株式会社谷口印刷
落丁本、乱丁本はお取替えいたします。
Printed in Japan
ISBN978-4-86456-220-1 C0021